Dr. Jürgen Weihofen

Trinken Sie Ihr Fett weg!

Molke

- die Kur aus der Natur

Dr. Jürgen Weihofen

Trinken Sie Ihr Fett weg!

Molke

- die Kur aus der Natur

Originalausgabe

sanoform-Verlag

sanoform-Verlag
Dr. Jürgen Weihofen
Wilhelm-Hamacher-Platz 25
53840 Troisdorf
Tel.: 02241-83903
Fax: 02241-72940
e-Mail: Dr.Weihofen@t-online.de

1. Auflage 2000
Dr. Jürgen Weihofen
Molke - die Kur aus der Natur

Umschlag: Anne Lichter

Gesamtherstellung: Presse-Druck, Augsburg
Printed in Germany 2000
ISBN 3-925502-10-6

Inhalt

Vorwort

In meiner Praxis für Ernährungsberatung versuche ich Patienten zu helfen, die unter ernährungsabhängigen Erkrankungen leiden. Häufig liegen eine Reihe von Problemen gleichzeitig vor, z.B. Übergewicht, Darmträgheit, Bluthochdruck, Magen-, Leberprobleme und bei Frauen Osteoporose.

Die klassischen Ernährungstherapien sind zwar hilfreich, stoßen aber oft an Grenzen. Ich empfehle in solchen Fällen die Molke-Kur, weil sie gut in meinen ganzheitlichen Ansatz paßt.

Molke hat den Vorteil, daß man sie sowohl als Fastenkur mit intensiven Wirkungen - nicht alleine auf das Körpergewicht - als auch begleitend zu vielen Diäten einsetzen kann. Sie wird sehr gut vertragen und bietet eine einmalige Basisreinigung von Bindegewebe, Darm und Haut.

Die Wirkungen einer Molke-Kur sind nicht nur seit Jahrtausenden bekannt, sondern auch wissenschaftlich belegt. Dank einer Vielzahl hochwertiger Fertigerzeugnisse kann heute jeder die Kur aus der Natur ohne Probleme zu Hause durchführen. Besonders leicht zuzubereiten und immer verfügbar sind die Bio-Instant-Molkeerzeugnisse, die Grundlage vieler Rezepte in diesem Buch sind.

Ich danke Heilpraktikerin Eliana Heinen-Cara für ihre Erfahrungsberichte. Ute Frangenberg und meiner Mitarbeiterin Dipl. oec. troph. Marion Adler danke ich für die Kreation der leckeren Rezeptideen.

Für mögliche Fehler bitte ich um Entschuldigung, über Hinweise freue ich mich ebenso wie über Zuschriften zu Erfolgen, die Sie persönlich mit Molke erzielt haben.

Troisdorf, Januar 2000

Dr. Jürgen Weihofen

Über den Autor:
Dr. Jürgen Weihofen ist Diplom-Oecotrophologe, Dozent und Fachautor im Bereich Gesundheit und Ernährung. Er betreibt in Troisdorf eine Praxis für Ernährungsberatung.

Hinweis:
Dieses Buch kann bei einer behandlungsbedürftigen Krankheit den Besuch eines Arztes oder Heilpraktikers nicht ersetzen. Die Anwendung der Informationen und Rezepte liegt in Ermessen und Verantwortung des Lesers, Verlag und Autor können keine Haftung übernehmen.

Molke - viel mehr als ein Genußmittel

Übergewicht, Herz- und Kreislaufleiden, Magen- und Darmbeschwerden – schätzungsweise jeder zweite Bundesbürger leidet heute an einer dieser sogenannten Zivilisationskrankheiten. Ausgelöst werden diese Leiden durch unsere hektische, schnellebige Zeit: Fast Food statt Vollwertkost, Streß statt Entspannung, Fernsehen statt Bewegung. Selbst in unserer Freizeit und im Urlaub gönnen wir unserem Körper keine Auszeit: anstrengende Wochenend-Ausflüge, zehn Länder in drei Tagen, Besichtigungsmarathon u.s.w. Kein Wunder, daß unser Organismus irgendwann schlapp macht und sich mit Krankheiten zur Wehr setzt.

Natürlich bietet die moderne Pharma-Industrie Mittel an, die viele Beschwerden lindern bzw. die Symptome unterdrücken. Doch die chemischen Präparate können den Organismus teilweise erheblich belasten, schädliche Nebenwirkungen sind oft nicht auszuschließen.

Deshalb ist es für die Gesundheit wesentlich ratsamer, unseren Organismus auf sanfte und unschädliche Weise wieder zu einem gesunden Gleichgewicht zu verhelfen. Naturheilmittel stehen da an erster Stelle, und bei den Zivilisationskrankheiten hat sich besonders die Molke bewährt.

Molke – auch Serum der Milch genannt – ist ein köstliches Getränk, das bei der Herstellung von Käse und Quark anfällt. Sie ist frei von Fetten und schwerverdaulichen, den Organismus belastenden Stoffen. Molke erfrischt, hält aufgrund ihres niedrigen Kaloriengehaltes die Figur in Form, verleiht neue Energie und versorgt uns mit lebensnotwendigen Vitaminen, Mineralstoffen und Spurenelementen.

Besonders großer Beliebtheit erfreut sich Molke bei Sportlern. Für sie ist das Serum der Milch der optimale Fitneßdrink, der sie durch den Gehalt an Mineralstoffen, Spurenelementen, wertvollem Eiweiß und Milchzucker in kürzester Zeit regeneriert.

Für Kinder – vor allem kleine „Milchmuffel" – ist Molke, die mit Fruchtsaft angereichert ist, ein idealer Durstlöscher. Denn Fruchtmolke vereinigt die gute gesundheitliche Wirkung der Milch mit dem leckeren Geschmack von Fruchtsäften. Das schmeckt so ähnlich wie der beliebte Fruchtjoghurt, so daß es auch verwöhnten Kindern leicht fällt, dafür schon einmal auf Cola oder andere süße Erfrischungsgetränke zu verzichten.

Auf der Beliebtheitsskala ganz oben steht Molke bei Frauen, und zwar als Schönheitsmittel. Molke vermag mehr zu bewirken als die teuerste Kosmetik, denn die Schönheit kommt durch sie von innen. So wenden viele Frauen die preiswerte Molke regelmäßig innerlich wie äußerlich an. Ein weiterer Vorteil der Molke, den Frauen sehr schätzen: sie hat kaum Kalorien und bringt die Figur in Form.

Molke schmeckt ausgezeichnet, besonders in Kombination mit Obstsäften und als Grundlage für abwechslungsreiche Mixgetränke. Sie jedoch nur als Genußmittel zu sehen, wird ihr nicht gerecht. Die wertvollen Inhaltsstoffe machen Molke zu einem optimalen Nahrungsergänzungsmittel. Aufgrund der besonderen Zusammensetzung kurbelt das Serum der Milch sämtliche Stoffwechselfunktionen an, bringt den Kreislauf in Schwung, reinigt, entsäuert und entwässert. Immer mehr Menschen greifen deshalb wie unsere Vorfahren auf Molke zurück, um Ernährungssünden auszugleichen.

Molke als Heil- und Kurmittel ist keine „Erfindung“ der heutigen Zeit. Wie positiv das Serum der Milch auf den Organismus wirkt, wußten schon Mediziner der Antike. Berühmte Ärzte wie Hippokrates (460 bis 370 v. Chr.) und Claudius Galenos (131 bis 201 n. Chr.) verordneten ihren Patienten bei Befindlichkeitsstörungen Molkekuren mit großem Erfolg.

Sie errichteten damals regelrechte Molkeheilstätten. Die berühmteste befand sich auf dem Milchberg zwischen Neapel und Sorrent. Sie wurde von der Medizinischen Schule Salerno betreut. Vorwiegend führten hier Patienten, die unter Verstopfung, Leberleiden, Fettsucht, Vergiftungen, Nierenerkrankungen und Arthritis litten, Molkekuren durch.

Die römischen Ärzte hatten eine ganz besondere Form der Molkekur entwickelt: Die milchgebenden Tiere wurden mit speziellen Kräutern gefüttert, damit die Wirkstoffe der Kräuter die Heilkraft der Molke noch verstärken.

Eine erneute Blütezeit erlebte Molke dann Mitte des 18. Jahrhunderts. Auslöser der Molkebegeisterung war das sogenannte „Wunder von Gais“ in der Schweiz. Berichten zufolge soll ein unheilbar erkrankter Kurgast in Gais durch den Genuß von Molke wieder vollkommen gesund geworden sein.

Zu diesem Zeitpunkt waren auch die ersten wissenschaftlichen Abhandlungen über die Heilkräfte der Molke erschienen. Besonders sind hier die Universitäten Freiburg und Basel zu nennen. Kurz darauf schossen Molkeheilstätten wie Pilze aus dem Boden. Es gab in Europa über 200 Molkekurorte, vor allem in Deutschland, Österreich und der Schweiz. Eine Kur mit dem Serum der Milch durchzuführen galt plötzlich als „in". Jeder, der es sich leisten konnte, reiste in einen Molkekurort, um dort die Heilkraft der Molke am eigenen Leib zu erfahren.

Die königliche Kur

Bei dieser überschwenglichen Begeisterung für das Kurmittel Molke war es nur eine Frage der Zeit, bis auch der europäische Hochadel das Serum der Milch für sich entdeckte. Bald schon reisten die gekrönten Häupter - oft unter den schwierigsten und beschwerlichsten Bedingungen - in die häufig im Gebirge gelegenen Molkekurorte.

Eine große Anhängerin der sanften Molkekur war die österreichische Kaiserin Elisabeth, „Sissi“ genannt. Sie und ihr Gemahl Kaiser Franz Joseph I. waren von der gesundheitlichen Wirkung der Molke so begeistert, daß sie sich jedes Jahr eine Molkekur gönnten. Sie kurten regelmäßig in dem berühmten österreichischen Molkekurort Bad Ischl.

Auch der bayerische König Max war von der Heilwirkung einer Molkekur überzeugt. Wann immer es möglich war, fuhren er und seine Familie in den deutschen Molkekurort Wildbad Kreuth, um sich dort einer Trinkkur zu unterziehen.

Der Ruf des Gesundheitselixiers Molke drang selbst bis nach Rußland. Im Jahre 1838 traf die Gattin des russischen Zaren im Wildbad Kreuth mit ihrem Gefolge ein, um am eigenen Leib die gesundheitsfördernde Wirkung der Molke kennenzulernen.

Molkekuren konnten früher, als es noch kein Verfahren zur Haltbarmachung des Milcherzeugnisses gab, nur in den Monaten Juni, Juli und August durchgeführt werden, weil dann genügend frische Molke zur Verfügung stand. Die schnelle Verderblichkeit bedeutete ein echtes Problem für die Durchführung einer Molkekur, denn innerhalb weniger Stunden nach der Gewinnung war die Molke bereits ungenießbar.

Deshalb mußte das Serum der Milch von den Sennereien auf schnellstem Weg zu den durstigen Kurgästen gebracht und recht zügig getrunken werden. Jeder Molkekurgast erhielt einen individuellen Trinkplan, der vorsah, die Tagesportion innerhalb von zwei bis drei Stunden zu trinken.

Eine Molkekur im bayerischen Kreuth unter Aufsicht des Königlichen Badearztes Dr. J. F. Rosenmerkel wurde zum Beispiel folgendermaßen durchgeführt:

Zwischen sechs und acht Uhr morgens bestellte er die Kurgäste zum Molketrinken. Sie sollten nüchtern kommen. Wer auf nüchternen Magen die Molke nicht trinken konnte oder wollte, durfte vorher als ganz leichtes Frühstück ein Brötchen zu sich nehmen.

Dann wurde der erste Schoppen (1/4 Liter) getrunken. Nach einer Pause von einer Viertelstunde, die sich viele Kurgäste mit Spazierengehen verkürzten, wartete der nächste Schoppen.

Alle 15 Minuten wurde ein Schoppen Molke genossen, bis die verordnete Tagesmenge erreicht war. Zu Beginn der Molkekur standen nur ein bis zwei Schoppen auf dem Plan. Die Trinkmenge wurde dann täglich um einen Schoppen gesteigert. Je nachdem, wie es der Magen vertrug und die Krankheit erforderte, sollten bis zu zwölf Schoppen, also drei Liter, getrunken werden.

Wer sein vom Badearzt vorgegebenes Trinkziel erreicht hatte, trank täglich immer einen Schoppen Molke weniger, bis er wieder bei einem oder zwei Schoppen angelangt war. Die Dauer einer Molkekur betrug nach dieser Vorschrift 20 bis 24 Tage.

Trotz aller positiven gesundheitlichen Erfolge der Molkekur hielt die Molkebegeisterung nur begrenzte Zeit. Sie war ja auch teilweise beschwerlich, wenn man berücksichtigt, daß zum Trinken von 3 Litern reiner Molke nicht der ganze Tag, sondern nur der halbe Vormittag zur Verfügung stand. Die Kurenden hatten nicht die Abwechslung durch Mischen mit leckeren Säften und Würzungen und mußten sich bei diesen

Trinkmengen mit teilweise „durchschlagenden“ Wirkungen herumplagen.

Als im 20. Jahrhundert immer mehr chemische Medikamente auf den Markt kamen, griffen die Kranken - aus Bequemlichkeit - lieber zu den kleinen Pillen, als sich einer Molkekur zu unterziehen. Das so wirksame Serum der Milch geriet als Kurmittel in Vergessenheit.

Heutzutage sind immer weniger Menschen bereit, ihren Körper bei leichten Beschwerden mit chemischen Mitteln zu behandeln. Wir wissen inzwischen um die Nebenwirkungen, besonders bei langfristigen Behandlungen chronischer Beschwerden. Wer diese Bedenken hat, sucht nach einer naturheilkundlichen Alternative, die sanft und ohne schädliche Nebenwirkungen hilft, gesund zu werden und zu bleiben. Aus diesem Grund erlebt die Molke heute ihre zweite Renaissance. Hinzu kommt, daß durch moderne technische Verfahren heute köstliche Molke auch aus ökologischer Tierhaltung das gesamte Jahr über flüssig oder als Instantpulver zur Verfügung steht.

Molketrinken ist damit zu jeder Zeit möglich, ob zu Hause oder am Arbeitsplatz. Ohne Aufwand kann das Serum der Milch schnell als Energiespender, sättigender Imbiß oder gesunder Durstlöscher eingesetzt werden. Letztlich ist Molke ein preiswertes Naturheilmittel, die „Königliche Kur“ kann sich glücklicherweise in unserer Zeit jeder leisten. Aus diesen Gründen erlebt die Molke heute zu Recht ihr großes Comeback.

Gewinnung des Serums der Milch

Daß Molke irgend etwas mit Milch zu tun hat, dürfte weithin bekannt sein. Was sie aber genau ist und wie sie hergestellt wird, soll im folgenden kurz erklärt werden.

Molke entsteht, wie der Name schon sagt, in der Molkerei, also dort, wo die frische Kuhmilch verarbeitet wird, und zwar bei der Herstellung von Käse und Quark. Dazu wird die zum Teil entfettete Milch mit Lab, einem Gerinnungsenzym, oder einer Säure, z.B. Zitronensäure, versetzt. Durch diese Hilfsprodukte gerinnt ein Teil des enthaltenen Eiweißes, Casein genannt, und sondert sich ab. Daraus wird anschließend Käse oder Quark hergestellt. Zurück bleibt eine leicht trübe Flüssigkeit: die Molke. Ihre gelb-grünliche Farbe verdankt Molke übrigens dem Vitamin B2, auch Lactoflavin genannt.

Je nachdem, ob Käse oder Quark hergestellt werden, setzt man die Eiweißgerinnung unterschiedlich in Gang. Entsprechend gibt es auch zwei unterschiedliche Molketypen:

- **Sauermolke**
  Sauermolke fällt bei der Quarkproduktion an. Dabei wird die Gerinnung durch eine Säure in Gang gesetzt. Sie schmeckt ähnlich wie Buttermilch, nur saurer.

- **Süßmolke**
  Süßmolke entsteht bei der Herstellung von Käse. Dabei wird die Milch mit Lab-Enzym, also ohne Zusatz von Säure, zum Gerinnen gebracht. Sie schmeckt nicht so sauer wie Sauermolke und wird deshalb von vielen lieber getrunken. Instant-Pulver wird fast ausschließlich aus Süßmolke hergestellt.

Süß- und Sauermolke sind sehr empfindlich. Schon nach kurzer Zeit sind sie verdorben und nicht mehr genießbar. Um Süß- und Sauermolke für die Gesundheit nutzen zu können, hat die

Industrie spezielle Verfahren entwickelt, die den Wert optimal erhalten, so daß sie jederzeit zur Verfügung stehen.

Von der Alm in´s Glas

Besonders großer Beliebtheit erfreut sich Molke in Pulverform. Sie bietet dem Verbraucher nämlich einige Vorteile:

- Pulvermolke läßt sich hervorragend über einen längeren Zeitraum lagern.
- Sie ist jeder Zeit zur Hand.
- Man kann sie problemlos mit zum Arbeitsplatz nehmen und dort frisch zubereiten.
- Frische Früchte oder Säfte variieren den Geschmack.
- Die Zubereitungsmöglichkeiten sind vielseitig. So können Aperitifs, Zwischenmahlzeiten, Durstlöscher oder Desserts mit Molkepulver hergestellt werden.

Bei der Herstellung von Instant-Pulver wird der Molke auf äußerst sanfte Weise durch Sprühtrocknung Wasser entzogen. Dieses Verfahren ist so schonend, daß die wertvollen Molkeinhaltsstoffe nicht in Mitleidenschaft gezogen werden. Das in Dosen oder Packungen abgefüllte Pulver hat nach Anbruch eine wesentlich längere Haltbarkeit als flüssige Molkegetränke. Damit kann man ohne Wertverlust auch kleinere Portionen Molke mit größerem Zeitabstand zubereiten. Auch das Variieren fällt leicht, denn man kann ja ruhig mehrere Packungen mit verschiedenen Geschmacksrichtungen gleichzeitig geöffnet und angebrochen vorrätig halten.

Zubereitet werden Molkedrinks mit Instant-Molke auf ganz einfache Weise: Man mixt Molkepulver etwa im Verhältnis 1:10, z.B. zwei Eßlöffel (ca. 25 g) Pulver mit 300 ml kaltem Wasser. Für Fastendrinks darf die Dosierung nach Geschmack auch erhöht werden.

Am besten mit einem Schneebesen oder Mixstab verrühren, dadurch bleibt der Drink frei von kleinen Klumpen und wird besonders locker-schaumig. Sehr gut wird das Ergebnis auch mit speziellen Molke-Shakern. Sie besitzen eine Maßskala, so daß ganz leicht richtig dosiert werden kann, und ein Sieb, was die Molke locker-leicht vermischt. So schmeckten Molkedrinks am besten. Wer mag, kann das Getränk leicht süßen und mit saftigen Früchten oder knackigem Gemüse noch beliebig verfeinern.

Trinken Sie sich gesund und schlank

Schon die Ärzte der Antike wußten, Molke kann ihre kraft- und gesundheitsspendende Wirkung nur entfalten, wenn die milchgebenden Tiere bestens gepflegt wurden. Aus diesem Grund grasten die Tiere auf besonders saftigen Weiden. Zusätzlich bekamen sie ausgewählte Kräuter ins Futter.

Auch in der heutigen Zeit ist die Haltung der milchgebenden Tiere von großer Wichtigkeit. Kühe, die in der Nähe von stark befahrenen Straßen weiden oder Futter erhalten, das mit Schädlingsbekämpfungsmitteln behandelt oder mit Medikamenten versetzt wurde, können keine unbelastete Milch geben. Denn das Euter ist grundsätzlich ein Ausscheidungsorgan, welches nicht nur wertvolle Bestandteile, sondern auch Schadstoffe in die Milch abgibt. Insbesondere fettlösliche Giftstoffe wandern sehr leicht in die Milch und gelangen so in die menschliche Nahrung. Die größte Sicherheit, unbelastete Molke oder Molkepulver zu erhalten, ist gewährleistet, wenn Milch von Bauernhöfen mit ökologisch-biologischer Wirtschaftsweise verarbeitet wird. Nur bei Bio-Molke kann man gewiß sein, der

Gesundheit ausschließlich Gutes zu tun. Achten Sie beim Einkauf besonders darauf. In Ihrem Reformhaus erhalten sie reine Pulvermolke und Fertig-Mixpulver aus Biomilch, bei welchen sogar die zugefügten Früchte und Gewürze aus Bioanbau stammen.

Es gibt inzwischen eine breite Produktvielfalt von Molkeerzeugnissen:

1. Trinkmolke

Pure Molke, die keine Zusätze enthält oder verändert wurde, als Flüssigprodukt oder in der Instant-Form zum Aufgießen mit Wasser. Sie ist die ideale Grundlage für köstliche Mixgetränke und besonders kalorienarm.

2. Fruchtmolke

Sie ist das ideale Erfrischungsgetränk und bringt Abwechslung in die Molkekur, denn sie löscht mit viel Geschmack hervorragend den Durst und spendet jede Menge Energie, was besonders von Sportlern und geistig aktiven Menschen geschätzt wird.

Fruchtmolke ist ein ideales Getränk für Kinder, auch für solche, die sonst keine Milchprodukte mögen. Durch das Molke-Erfrischungsgetränk erhalten die Kleinen ihre Portion Calcium, die für das Knochenwachstum dringend erforderlich ist. Jeder kleine Milchmuffel wird unter den abwechslungsreichen köstlichen Fruchtbeimischungen sein Lieblingsgetränk finden.

3. Fasten-Molke

Sie wird auch als Diät-Kurmolke bezeichnet und ist mit Eiweiß angereichert. Sie liefert wesentlich mehr Kalorien als normale Molke und eignet sich für Fastenkuren, bei denen über die Molke hinaus keine weitere Nahrung aufgenommen wird.

4. Taler, Kautabletten und Riegel

Mit einem großen Molkeanteil werden diese speziellen Snacks für den kleinen Hunger zwischendurch hergestellt. Sie helfen bei einer Kur mit Molke oder auch bei der alltäglichen Ernährung, aufkommenden Hunger zwischen den Trinkportionen oder den Mahlzeiten zu bekämpfen. Wichtig ist, dazu immer viel kalorienfreie Getränke zu sich zu nehmen wie Wasser, Früchte- oder Kräutertee.

Inhaltsstoffe der Molke

Molke ist gelb-grün, besteht zu 95 Prozent aus Wasser, hat so gut wie kein Fett und jede Menge gesundheitlich wertvolle Inhaltsstoffe. Dies sind u.a.:

- Milchzucker
- Milchsäure
- Molkeeiweiß
- Orotsäure
- Essentielle Aminosäuren
- Immunglobuline
- Enzyme
- Mineralstoffe und Spurenelemente wie zum Beispiel Eisen, Calcium, Zink, Kalium, Magnesium, Kupfer
- Vitamine wie Vitamin B1, B2, B6, B12, Folsäure, Pantothensäure, Biotin.

Milchzucker

Einer der wichtigsten Wirkstoffe der Molke ist der Milchzucker, auch Lactose genannt. Der hohe Lactosegehalt der Molke von 4,5 Prozent ist für den angenehmen leicht süßlichen Geschmack verantwortlich.

Das Besondere: Milchzucker ist ein sogenannter Zweifachzucker. Bei der Verdauung wird Milchzucker in die beiden Einfachzucker Glucose und Galactose gespalten. Glucose kennt man als Traubenzucker, sie steht dem Körper unmittelbar nach der Abspaltung zur Verfügung. Galactose wird zur Leber transportiert und dort in Glucose umgewandelt. Da diese Umwandlung etwas Zeit benötigt, steht ein Teil der Energie verzögert zur Verfügung.

Durch die Verzögerungen bei Aufspaltung und Umwandlung erhöht Milchzucker den Blutzukkerspiegel kaum, weshalb auch Diabetiker Molke genießen dürfen.

Milchzucker wird im oberen Dünndarm nicht vollständig aufgeschlossen. Er gelangt zum Teil unverändert in untere Dünndarmabschnitte und den Dickdarm. Hier wird der Milchzucker mit Hilfe von „guten" Bakterien zur rechtsdrehenden Milchsäure verwandelt. Das schafft eine gesunde Darmflora, denn die Milchsäure sorgt für ein saures Milieu im Darm. In diesem Umfeld können krankmachende Organismen wie Fäulnis- und Gärungsbakterien nicht überleben. Die

Milchsäure regt aber auch die Darmmotorik an, was die Verdauung ganz sanft reguliert.

Übrigens: 80 Prozent der menschlichen Abwehrzellen achten im Darm darauf, daß eingedrungene Krankheitserreger unschädlich gemacht werden. Molke trägt zur gesunden Darmflora und damit zu einem voll funktionstüchtigen Abwehrsystem bei.

Aber Milchzucker kann noch etwas: Er erhöht die Aufnahme von Vitaminen und verbessert die Verwertung von Calcium, Magnesium, Phosphat, Kalium und Natrium.

Milchsäure

Molke enthält rechtsdrehende L(+)-Milchsäure. Nur diese rechtsdrehende Milchsäure kann vom menschlichen Körper problemlos verstoffwechselt werden, denn unser Milchsäure abbauendes Enzym kann nur mit dieser Form eine Verbindung eingehen und sie problemlos für den Körper verwertbar machen. Die linksdrehende D(-)-Milchsäure hat eine andere räumliche Struktur, das abbauende Enzym kann deshalb nicht mit ihr reagieren. Linksdrehende D(-)-Milchsäure verbleibt folglich sehr lange im Blut und macht dieses sauer.

Linksdrehende Milchsäure ist nicht nur für den Körper schwer verwertbar, sie kann in größeren Mengen sogar schädlich sein. So fördert eine saure Stoffwechsellage z.B. Gichtanfälle. Wer größere Mengen milchsaurer Produkte zu sich nimmt, sollte deshalb darauf achten, daß diese ganz überwiegend die physiologische rechtsdrehende L(+)-Milchsäure enthalten. Von den Experten der Weltgesundheitsorganisation wurden Höchstgrenzen festgelegt, welche Mengen linksdrehende Milchsäure ohne gesundheitliche Schäden erlaubt sind: Mehr als 100 Milligramm pro Kilogramm Körpergewicht sollte ein Erwachsener nicht aufnehmen. Kleinkinder und Säuglinge sollten überhaupt keine Nahrung mit linksdrehender Milchsäure erhalten.

Frische Molke enthält überwiegend die gesundheitlich wertvolle rechtsdrehende Milchsäure. Doch schon etwa zwei Stunden nach der Herstellung enthält Molke immer mehr linksdrehende Milchsäure. Auch deshalb mußten die Kurgäste früher ihre Tagesration Molke im Eiltempo trinken.

Heute spielt das keine Rolle mehr. Modernste Verfahren zur Haltbarmachung ermöglichen die Erhaltung des hohen Anteils rechtsdrehender L(+)-Milchsäure und damit den Molkegenuß zu jeder Zeit mit allen gesundheitlichen Vorteilen.

Molkeeiweiß

Molke enthält zwar nur wenig Eiweiß, da der größte Teil des Milcheiweißes bei der Gerinnung als Casein ausfällt und in Quark oder Käse gebunden ist. Der kleinste Teil verbleibt in der Molkenflüssigkeit. Es handelt es sich aber um ein besonders hochwertiges Eiweiß, und zwar um das Albumin-Globulin. Albumine regulieren in unserem Körper die Flüssigkeitsverteilung zwischen Plasma und Gewebe, Globuline enthalten Schutz- und Abwehrstoffe. Dieses Molkeneiweiß ist den Bausteinen des menschlichen Bluteiweißes sehr ähnlich. Aus diesem Grund kann der Körper es auch besonders leicht verwerten. Mit anderen Worten: Molkeneiweiß besitzt eine hohe biologische Eiweißwertigkeit.

Wissenschaftlich wird diese Eiweißwertigkeit angegeben in einer Verhältniszahl, wobei das Hühnerei-Eiweiß als 100 % definiert ist. Während das gesamte Milchprotein nur 88 % erreicht, liegt das Molkenprotein bei 104 %, also noch oberhalb des Ei-Eiweißes. Deshalb reichen auch die kleinen Mengen Molkeeiweiß, um den Mindestbedarf beim Fasten oder Kuren zu dekken. Und was besonders wichtig ist: das zugeführte Eiweiß wird komplett verwertet für Struktur- und Funktionsproteine in unserem Körper, dient also nicht als Energielieferant. Und es ist nicht verbunden mit Fett, was sonst bei guten Eiweißquellen wie Fleisch und Käse immer der Fall ist.

Orotsäure:

Ein wichtiger Bestandteil der Molke ist Orotsäure. Orotsäure, auch Molkensäure genannt (Oros = Molke), ist ein unentbehrlicher Baustein für die Zellen unseres Körpers. Ohne Orotsäure sind die Zellkerne nicht in der Lage, richtig zu arbeiten. Sie unterstützt die Zellerneuerung.

Die Molkesäure ist aber auch ein ausgezeichnetes „Frachtschiff" für Magnesium. Sie sorgt dafür, daß dieser wichtige Mineralstoff sicher in jede Körperzelle verfrachtet wird.

Orotsäure ist von großer Bedeutung für die Synthese von Eiweißstoffen. Molke enthält praktischerweise gleich diesen Wirkstoff, mit dessen Hilfe ihr wertvolles Eiweiß im menschlichen Körper einbaut werden kann.

Auf die Funktion der Leber wirkt sich die Orotsäure ebenfalls positiv aus. In Zusammenarbeit mit den Eiweißbestandteilen, Vitaminen und Mineralstoffen baut Orotsäure geschädigte Leberzellen wieder neu auf. Deshalb wirkt Molke so gut bei der Ausscheidung von Stoffwechselschlacken aus Bindegewebe und Leber. Da zudem die Wirkstoffkombination der Molke die Entstehung von bakteriellen Zersetzungsprodukten im Darm mindert, ist sie bestens geeignet, die Leber zu entlasten.

Enzyme

Das Serum der Milch ist reich an Enzymen. Vor allem enthält es die für die Gesundheit so wichtigen Lysozyme. Lysozyme sind mit der besonderen Fähigkeit ausgerüstet, Bakterien anzugreifen und daher für die Abwehr von Infektionen überaus wichtig.

Wir nehmen zwar auch mit unserer „normalen" Nahrung Lysozyme auf. Sie werden aber im Magen-Darm-Trakt durch die Magensäure größtenteils zerstört. Das Besondere der Molke: Sie verhält sich wie Wasser und passiert so weitgehend ungehindert den Magen. Die Magensäure hat keine Gelegenheit, die Lysozyme zu schädigen, so daß sie im Darm ihre wichtige Arbeit in der Infektionsabwehr verrichten können.

Mineralstoffe und Spurenelemente

Mineralstoffe sind lebensnotwendige Bestandteile der Körperzellen. Und da unser Organismus diese wichtigen Powerstoffe nicht selbst herstellen kann, muß er sie täglich mit der Nahrung aufnehmen.

Die Kombination von Mineralstoffen und Spurenelementen in der Molke ist überaus gut. Ein weiterer Vorteil: In Molke liegen die meisten dieser wichtigen Stoffe in wässeriger Phase vor. Dadurch können sie kurzfristig und schnell vom Körper verwertet werden. Das ist besonders in Streßsituationen oder bei starker körperlicher Belastung - also dann, wenn der Körper verstärkt Mineralstoffe benötigt - von enormem Vorteil.

Molke enthält genausoviel knochenstärkendes Calcium wie Milch, aber auch Phosphat sowie Magnesium, Eisen und Zink. Besonders wertvoll ist der hohe Kaliumgehalt (dreimal so viel wie Natrium), denn das sorgt für die Ausscheidung von gespeichertem Wasser im Gewebe.

Vitamine

Unser Körper ist ebenfalls nicht in der Lage, Vitamine selbst herzustellen. Da der menschliche Organismus ohne Vitamine aber nicht funktionstüchtig ist, müssen sie von außen zugeführt werden, Tag für Tag.

Besonders reich ist Molke an den Vitaminen der B-Gruppe. B-Vitamine stärken Nerven und Gedächtnis, kurbeln den Kohlenhydrat- sowie Fettstoffwechsel an und verbessern so die Energieversorgung des Körpers. Im Verhältnis zur enthaltenen Energie ist Molke das Lebensmittel mit dem höchsten Gehalt an Lactoflavin, dem Vitamin B2. Ohne Lactoflavin ist ein Abbau überflüssigen Depotfetts praktisch nicht möglich.

Wie gut für´s Abnehmen, daß Molke dieses Vitamin im Überfluß liefert.

Anwendungsfelder für Molke

Der Genuß von Molke beeinflußt unseren gesamten Organismus: Das Serum der Milch aktiviert den Stoffwechsel und wirkt regulierend auf den Flüssigkeitshaushalt.

Die positive Wirkung der Molke auf den Stoffwechsel beginnt im Dünndarm. Hier findet die Umwandlung von Milchzucker in Milchsäure statt. Dadurch wird das Darmmilieu leicht sauer. Das verbessert die Lebensbedingungen guter Bakterien in Darm. Im Gegenzug wird den „schlechten" Fäulnis- und Gärungsbakterien die Lebensgrundlage entzogen.

Noch effektiver kann die Molke im Darm wirken, wenn sie die richtigen Bakterien quasi als „Starterkultur" gleich mitbringt. Die Bifidobakterien gehören zu den „richtigen" Mikroorganismen, sie werden deshalb auch weit verbreitet speziellen Joghurts und anderen Milchprodukten zugesetzt. Ihre Wirkung wird als „probiotisch" bezeichnet. Nur in Reformhäusern findet man Bio-Molkenpulver, denen diese Bifidobakterien zugesetzt sind. Damit legt man durch einfaches Molketrinken die ideale Basis für eine optimale Darmgesundheit.

Befinden sich weniger Fäulnisbakterien im Darm, entstehen auch weniger schädliche Zersetzungsprodukte, die von der Leber unschädlich gemacht werden müssen. So wird die Leber in ihrer Entgiftungsarbeit stark entlastet.

Die Wirkstoffe der Molke bringen aber auch den Darm auf Trab. Sie sorgen dafür, daß die Nahrung schneller durchgeschleust und so die Stuhlentleerung begünstigt wird. Sind aufgrund vorhergehender „Ernährungssünden“ viele krankmachende Mikroorganismen zu vertreiben, kann die Molke ihre Arbeit auch schon einmal durch Rumoren und Blähungen anzeigen. Geben Sie ihr Zeit und haben Sie etwas Geduld.

Weitere gesundheitliche Vorteile ergeben sich daraus, daß Molke das Bindegewebe reinigt. Das Bindegewebe wird vom Organismus häufig als Zwischenablage benutzt: hier lagert sich alles ab - wie zum Beispiel Giftstoffe und überschüssiges Wasser - was der Körper auf anderem Weg nicht loswerden kann.

Die Molkewirkstoffe durchspülen das Bindegewebe gründlich und entfernen so alle Ablagerungen. Der Effekt dieser Reinigungsaktion: Das Bindegewebe kann seiner eigentlichen Aufgabe - dem Stoffaustausch zwischen Blut und Organzellen - wieder voll nachkommen.

Auch Herz und Kreislauf profitieren von dieser Grundreinigung: Da das Bindegewebe von seinen Verschlackungen befreit wurde, können sich die Blutgefäße, die durch die Ablagerungen zusammengedrückt wurden, wieder ausdehnen. Das Blut fließt leichter durch die Kapillaren, das Herz verringert seine Druckleistung. Der Blutdruck sinkt, unterstützt durch die Entwässerungswirkung des hohen Kaliumgehaltes der Molke.

Ein weiterer Pluspunkt der Molke: Sie wirkt der Übersäuerung des Gewebes entgegen. Übersäuerung ist der Auslöser vieler Krankheiten. Sie wird hauptsächlich verursacht von Eiweißüberschüssen und zu hohem Zuckerverzehr.

Unsere durchschnittliche Nahrung enthält zu wenig Basenbildner. Basenüberschüssig sind fast alle Gemüse, rohes Obst und Vollgetreide. Heutige Ernährungsgewohnheiten mit Weißmehlerzeugnissen, fast ausschließlich erhitzten, raffinierten und industriell weit verarbeiteten Nahrungsmitteln, mit immer noch zu viel Fleisch und Fleischerzeugnissen, Fast Food und zuckerhaltigen Erfrischungsgetränken liefern überwiegend Säurebildner.

Ein Zuviel an Säure muß der Organismus neutralisieren oder über die Nieren ausscheiden. Geschieht das nicht, kann es zu gesundheitlichen Beschwerden kommen. Übersäuerte Menschen leiden häufig an rheumatischen Beschwerden und Gicht. Mit Molke kann jeder leicht solchen chronischen Krankheiten vorbeugen. Aber auch dann, wenn gesundheitliche Beeinträchtigungen bereits vorliegen, kann Molke wirkungsvoll den Heilungsprozeß unterstützen.

Übergewicht

Übergewicht ist heute ein Volksleiden. Das Deutsche Institut für Ernährung schätzt, daß fast 50 Prozent der Bundesbürger über 40 Jahre zuviel Pfunde auf die Waage bringen. Erschreckend: Auch die Zahl der Kinder, die zu dick sind, steigt unaufhaltsam.

Übergewicht ist in der Regel die Folge von zu viel Essen und zu wenig Bewegung. Besonders fatal: Die Zuführung von zu viel ungesunder Nahrung.

Gesundheitsbeeinträchtigende Nahrungsmittel sind u.a.: Süßigkeiten, Back- und Teigwaren aus Weißmehl, zuckerhaltige Getränke wie Limonaden oder Colagetränke, fette Nahrungsmittel, Fast Food, süße oder fetthaltige Snacks.

Übergewicht ist aber nicht nur ein ästhetisches Problem, sondern auch ein nicht zu unterschätzender Risikofaktor für die Entstehung chronischer Erkrankungen. An erster Stelle sind hier Herz- und Kreislaufkrankheiten zu nennen. Aber auch Stoffwechselerkrankungen wie Diabetes und Gicht oder Erkrankungen des Stützapparates zählen dazu.

Wer unter Übergewicht leidet und auf leichte und angenehme Weise abspecken möchte, sollte auf Molke zurückgreifen. Sie ist das ideale Diätmittel. Molke führt dem Körper trotz reduzierter Nahrung alle wichtigen Nährstoffe zu, ist preiswert, entsäuert, entschlackt und entwässert. Aber der größte Pluspunkt ist, daß während der

Molkekur bei geringer Kalorienzufuhr keine Hungergefühle aufkommen. Deshalb können mit Molke Fastenkuren und Diäten so leicht durchgehalten werden!

Und: Kombiniert mit einer Ernährungsumstellung führt Molke in kurzer Zeit zu sicht- und spürbaren Erfolgen.

Darmträgheit

Ernährungsabhängig ist auch das weit verbreitete Leiden Darmträgheit. Schätzungsweise jeder zweite Erwachsene ist davon betroffen. Verursacht werden Verstopfungen durch falsches Essen und zu wenig Bewegung. Hastig hinuntergeschluckte Mahlzeiten, ballaststoffarmes und fettreiches Essen, zu viel Genußmittel wie Kaffee und Alkohol schaden der empfindlichen Darmflora. Mangelnde Bewegung sorgt dafür, daß die Darmmuskulatur erschlafft. Die Nahrung wird als Folge davon nur verlangsamt durch den Darm transportiert. Zwischen den Darmzotten bleiben Verdauungsreste hängen und bilden hartnäckige Ablagerungen. Fäulnis- und Gärungsbakterien vermehren sich.

Der in der Molke enthaltene Milchzucker und die daraus entstehende Milchsäure bringen den Darm wieder in Schwung. Außerdem säuert Molke das Darmmilieu leicht an. Dadurch wird das Wachstum guter Darmbakterien gefördert, die Lebensbedingungen unpassender Bakterien werden verschlechtert. Am effektivsten arbeitet eine Molke, die die physiologischen Bifidobakterien gleich mitliefert wie die probiotische Bio-Molkenkur von Dr. Ritter (Reformhaus). Der Nahrungsbrei passiert den Darm schneller, es können sich keine hartnäckigen Ablagerungen mehr bilden. Die Molke fördert also die Verdauung auf ganz natürliche Art und Weise.

Übrigens: Ein mit Molke sanierter Darm tut auch der Schönheit gut. Denn ein kranker Darm läßt die Haut faltig, grau und alt aussehen. Ist der Darm gesund und leistungsfähig, wirkt die Haut rosig, glatt und elastisch. Molke kann ohne Übertreibung als Lifting von innen bezeichnet werden.

Magenprobleme

Hastige Mahlzeiten im Stehen, das Hinunterschlingen von großen Bissen, Alkohol, Nikotin und Koffein regen die Produktion von Magensäure stark an. Sodbrennen, Aufstoßen oder Magendrücken können auf eine Übersäuerung des Magens hinweisen. In diesem Fall wirkt eine Molkekur auf den Magen wahre Wunder.

Vor vielen Jahren, als das Angebot chemischer Medikamente noch gering war, wurde Molke als Übergangsdiät nach akuten Magen-Darmerkrankungen angewendet, berichtet Professor Wagner von der Justus Liebig-Universität in Gießen. Nach krankheitsbedingtem Fasten regt Molke die Sekretionstätigkeit nur wenig an. Außerdem besitzt das Serum der Milch eine Pufferungskapazität gegenüber erhöhter Salzsäureproduktion bei Entzündungen der Schleimhaut. Das heißt, daß bei Gastritis oder Enteritis die Magensäure neutralisiert und der Krankheitsprozeß unterbrochen wird.

Durch die wertvollen Molkewirkstoffe und das Fehlen von Ballaststoffen kann Molke in bestimmten Phasen zur Therapie von Magen- und Zwölffingerdarmgeschwüren angewendet werden.

Leberleiden

Die Leber ist unser größtes und wichtigstes Stoffwechselorgan. Wie ein chemisches Labor arbeitet die größte Drüse unseres Körper. Ihr Aufgaben sind vielfältig:

Sie speichert Zucker und Vitamine, reguliert den Fettstoffwechsel, verarbeitet Eiweiß und produziert die Gallenflüssigkeit. Vor allem aber entgiftet die Leber unseren Körper. Sie spaltet Schadstoffe und verwandelt sie in lösliche Formen, damit sie über Nieren und Darm ausgeschieden werden können. Sie reinigt nicht nur unseren Körper von Genußmitteln wie Alkohol oder Nikotin, sondern entsorgt auch chemische Zusatzstoffe aus der Nahrung, Gifte aus verdorbenen Nahrungsmitteln, Medikamenten und Stoffwechselprodukten.

Regelmäßiges Trinken von Molke oder auch eine Molkekur können die Leber bei ihrer schweren Arbeit entlasten. Der Grund: Die in der Molke enthaltene Milchsäure macht Fäulnisbakterien im Darm den Garaus. Sind wenig Fäulnisbakterien im Darm, entstehen weniger giftige Zersetzungsprodukte. Und je geringer die Menge dieser Giftstoffe, desto weniger Entgiftungsarbeit muß die Leber leisten.

Gicht

Kaum eine andere Stoffwechselkrankheit ist so eindeutig abhängig von der Ernährung wie Gicht. Eiweiß- und purinhaltige Speisen, aber auch ein Zuviel an Alkohol, lassen den Harnsäurespiegel im Blut ansteigen. Steigt die Konzentration der Harnsäure über einen bestimmten Wert, kristallisiert die Harnsäure aus.

Sie kristallisiert zuerst an den Stellen im Körper, die am sauersten sind. Dazu zählen die Gelenke an Händen und Füßen, es kommt zu Rötungen, Schwellungen und starken Schmerzen. Gefährlich sind Auskristallisationen in Organen wie der Niere.

Natürlich gibt es Medikamente gegen das Leiden. Sinnvoller ist jedoch, mit Hilfe einer Ernährungsumstellung die Gicht in den Griff zu bekommen.

Wer unter Gicht leidet, sollte Alkohol meiden, sich fett- und eiweißarm ernähren, auf eine nicht zu hohe Kalorienzufuhr achten und viel trinken - vor allem Molke. Denn sie spült durch ihren wassertreibenden Effekt Harnsäure flugs aus dem Körper. Sie wirkt einer sauren Stoffwechsellage entgegen und verhindert damit die Auskristallisation der Harnsäure. Molke ist natürlich kein Akutmedikament bei einem Gichtanfall. Sie sollte vielmehr vorbeugend täglich auf dem Speiseplan stehen.

Die wohltuende Wirkung der Molke bei der Behandlung von Gicht war schon im Altertum bekannt. Ein besonders großer Befürworter der Molkekur war der Londoner Arzt Thomas Sydenham. Er erkannte, daß vor allem wohlhabende Bürger an Gicht litten. All sein Wissen über Gicht schrieb er nieder. Damit hatte er die erste genaue Darstellung dieser Wohlstandskrankheit verfaßt. Sydenham behandelte seine Gicht-Patienten ausschließlich mit Molke und stellte eine schnelle Besserung des Krankheitsgeschehens fest, wenn vorhandenes Übergewicht und damit verbundene Stoffwechselstörungen dank Molke beseitigt waren.

Fettstoffwechselstörungen

Erhöhte Triglycerid- und Cholesterinwerte konnten in einer Studie von Frau Dr. C. Hoenck und Dr. H. Anemueller durch die klassische Molkekur, ergänzt durch Kneipp-Anwendungen und Frischpflanzensäfte aus Brennessel, Löwenzahn und Artischocke, innerhalb von zwei Wochen im Durchschnitt um 28 % gesenkt werden.

Bluthochdruck

Übergewicht, Dauerstreß, Bewegungsmangel und regelmäßiger Alkoholgenuß können den Blutdruck in die Höhe treiben. Nur in seltenen Fällen liegen organische Ursachen vor wie zum Beispiel Nierenerkrankungen, hormonelle Störungen oder Verengung der Hauptschlagader.

Bluthochdruck ist deshalb so besonders tükkisch, weil er oft keine Beschwerden verursacht. Im Gegenteil: Betroffene fühlen sich oft besonders aktiv und fit. Deshalb wird Bluthochdruck auch in den meisten Fällen nur per Zufall bei einer Routineuntersuchung entdeckt.

Bluthochdruck darf nicht auf die leichte Schulter genommen werden. Wird er nicht behandelt, kann es zu schwerwiegenden Folgekrankheiten, wie zum Beispiel Herzinfarkt oder Schlaganfall, kommen. Nicht in allen Fällen ist es nötig, den Blutdruck mit Hilfe von Medikamenten zu senken. Oftmals hilft eine Veränderung der Eßgewohnheiten. In erster Linie geht es um die Senkung der Salzzufuhr. Denn Kochsalz liefert Natrium, welches Wasser bindet und dadurch den Blutdruck steigen läßt. Dabei ist alleine der Verzicht auf Nachsalzen der Speisen oder des Frühstückseis nicht ausreichend. Viel Salz liefern Wurst, Käse, Brot, Saucen und Fertiggerichte.

Molke sorgt zum Ausgleich für eine natürliche Entwässerung des Körpers. Durch ihre besondere Mineralstoffkombination (viel Kalium, wenig Natrium) entwässert Molke äußerst wirkungsvoll und sehr schonend. Der Gewebedruck auf die Blutgefäße läßt nach, das Blut kann leichter fließen. Da das Herz sich nicht mehr so anstrengen muß, um das Blut durch verengte Gefäße zu treiben, wird es geschont.

Um den Blutdruck zu regulieren, ist es aber mit einem Gläschen Molke hier und da nicht getan. Täglich sollte schon mindestens ein Liter Molke, über den Tag verteilt, getrunken werden. Noch besser ist es, zusätzlich mindestens zweimal im Jahr eine Molkekur von zehn Tagen durchzuführen, weil dabei zugleich Übergewicht abgebaut wird.

Osteoporose

Immer mehr Menschen leiden an Osteoporose, auch Knochenschwund genannt. In Deutschland sind schätzungsweise sechs Millionen Menschen davon betroffen. Hauptsächlich erkranken Frauen nach den Wechseljahren aufgrund ihrer hormonellen Situation an Osteoporose. Es wird vermutet, daß jede dritte Frau über 60 in der Bundesrepublik unter Knochenschwund leidet. Calciumarme Ernährung, zu wenig Bewegung und ein Mangel an dem weiblichen Hormon Östrogen verursachen nach den Wechseljahren einen starken Verlust an Knochensubstanz. Unangenehme Folgen der Osteoporose sind hauptsächlich Knochenbrüche.

Um die Knochen stabil zu halten ist es wichtig, sich viel zu bewegen, zum Beispiel täglich eine halbe Stunde flott spazierengehen. Nach Rücksprache mit dem Facharzt ist eventuell eine Hormontherapie durchzuführen. Vor allem muß die Nahrung ausreichend Calcium enthalten.

Der Mineralstoff Calcium ist ein wesentlicher Baustein für das Knochengerüst und der wichtigste Ernährungsfaktor, Osteoporose vorzubeugen. Die bedeutendsten Calciumquellen sind eindeutig die Milcherzeugnisse. Um den gesamten Tagesbedarf einer Frau während und nach den Wechseljahren zu decken, reicht weniger als ein Liter Molke täglich.

Molke ist so wertvoll für das Knochengerüst, weil ihr Gehalt an Milchzucker dafür sorgt, daß das Calcium besser aufgenommen und verwertet wird. Besonders für Frauen ist es deshalb empfehlenswert, nicht nur kurmäßig, sondern vorbeugend täglich Molke zu trinken.

Jung und schön mit Molke

Unausgewogene Ernährung, Schlafmangel, Alkohol, Nikotin und zu viel Sonne hinterlassen auf unserer Haut Spuren. Auch Streß und Sorgen zeigen sich auf der Haut. Nicht umsonst heißt es, daß die Haut der Spiegel der Seele ist.

Um kleine Alltagssünden auszubügeln, die Haut strahlend schön, faltenfrei und jung zu erhalten, ist Molke ausgezeichnet geeignet. Molke bringt den Stoffwechsel in Schwung, entschlackt und entwässert den Organismus und versorgt ihn mit wertvollen Substanzen. Stoffen, die auch der Haut gut tun.

Auch wenn man den Zusammenhang nicht auf den ersten Blick erkennt: am wichtigsten für die Haut ist die wohltuende Wirkung der Molke auf den Darm. Denn wenn die Darmfunktion gestört ist, entsorgt der Körper seine Gift- und Schlakkenstoffe auch über die Haut. Unreinheiten, schlecht durchblutete, graue oder schlaffe Haut weisen auf eine schlechte Darmfunktion hin. Nach einer mehrwöchigen Molkekur und bei regelmäßigem Molkegenuß wirkt die Haut glatter, rosiger, reiner und straffer. Man sieht es der Haut einfach an, daß die Schönheit von innen kommt.

Doch Molke hat noch ein weiteres Plus für die Schönheit. Sie rückt der unbeliebten Orangenhaut - Zellulite genannt - im wahrsten Sinn des Wortes „auf die Pelle". Vor allem Frauen leiden oft unter den unschönen Dellen und Vertiefungen an Oberschenkel, Po, Bauch und Armen. Der Grund: Bei Frauen ist die Ober- und Lederhaut, in der das zugfeste Bindegewebe eingebettet ist, dünner. Und bei Frauen ist das Fettgewebe anders aufgebaut. Es besteht aus größeren und nur locker vernetzten Fettkammern.

Füllen sich die Fettzellen, kommt es zu den unansehnlichen, delligen Fettpölsterchen auf der Haut. Da eine Vergrößerung der Fettzellen auch immer von einer verstärkten Wassereinlagerung im Gewebe begleitet wird, kann Molke der unschönen Orangenhaut den Garaus machen, denn sie entschlackt und entwässert das Gewebe und sorgt so wieder für ein schönes Hautbild.

Täglich sollten für die Schönheit ein bis zwei Liter Molke schon getrunken werden.

Außerdem ist es bei Zellulite ratsam, Gewicht abzubauen, denn das verkleinert die Fettzellen. Viel Bewegung und Trockenbürsten tun ein übriges, um die Hautdurchblutung zu verbessern und den Abtransport von Schlacken zu fördern.

Erfolgsberichte

Molke wurde nicht nur in der Vergangenheit von Ärzten erfolgreich eingesetzt, die sich den Naturheilverfahren verschrieben hatten. Heute wird sie zunehmend in Kurkliniken, aber auch in Praxen von Ärzten und Heilpraktikern unterstützend eingesetzt bei den oben beschriebenen Erkrankungen.

Heilpraktikerin Eliana Heinen-Cara aus Frechen arbeitet seit Jahren in ihrer Praxis auch mit Molke. Sie überzeugte die positiven Wirkungen bei unterschiedlichen Krankheitsbildern. Über ihre Erfahrungen mit Molkekuren berichtete sie bereits in Fachzeitschriften. Hier vier eindrucksvolle Fälle:

Barbara C., 25 Jahre alt:

Die junge, übergewichtige Frau suchte Heilpraktikerin Eliana Heinen-Cara auf, weil sie unter schlimmen Blähungen, Verdauungsproblemen und ständigen Erkältungen litt.

Als Ursache der Beschwerden stellte sich in der Befragung offensichtlich ihre ungesunde Ernährungsweise heraus. Die Patientin lebte ausschließlich von Fast Food. Aus beruflichen Gründen sei es ihr nicht möglich, vollwertige Mahlzeiten zu sich zu nehmen, erklärte die junge Frau. Frau C. war an einer Umstellung der Ernährung auf Vollwertkost auch überhaupt nicht interessiert, wie sie zögernd zugab.

Aufgrund ihrer unangenehmen Beschwerden, war Barbara C. schließlich bereit, wenigstens ihre abendliche Mahlzeit zu verändern, die nur aus Butterbroten bestand. Die Heilpraktikerin empfahl ihr, in Zukunft abends ein großes Glas stilles Wasser zu trinken und anschließend ein Glas Molke zu genießen. Zum Abendessen stand statt der Butterbrote ein großer bunter Salat auf dem Speiseplan. Ein oder zwei Scheiben Vollwert-Knäckebrot durften dazu verspeist werden. Außerdem war die Patientin bereit, über den Tag verteilt drei Gläser Molke zu trinken.

In den ersten drei Tagen, so berichtete die Patientin, hatte sie Unmengen Wasser ausgeschieden. Nach zwei Wochen waren ihre Verdauungsbeschwerden verschwunden und sie benötigte keine Abführmittel mehr.

Nach sechs Wochen hatte sie fünf Kilo abgenommen, fühlte sich fit und leistungsfähig. Innerhalb eines halben Jahres war die Patientin frei von Erkältungskrankheiten und fühlte sich auch nicht mehr müde und ausgebrannt. Sie machte sogar täglich Sport.

Barbara C. fühlte sich so gut, daß sie - um weiterhin fit und gesund zu bleiben - gerne bereit war, weiterhin täglich Molke in den Speiseplan zu integrieren.

Helmut R., 44 Jahre:

Der Produktmanager einer großen Firma kam wegen Magenbeschwerden und Bluthochdruck in die Sprechstunde. Er war völlig verzweifelt, weil er seinen hohen Blutdruck einfach nicht in den Griff bekam.

Dauerstreß im Büro und die Trennung von seiner Frau hatten Herrn R. aus der Bahn geworfen. Er aß nur unregelmäßig, trank tagsüber Unmengen Kaffee und rauchte viel zu viele Zigaretten. Auf Befragen gab er zu, abends hin und wieder ein Bier zu viel zu trinken, damit er endlich abschalten und Ruhe finden konnte.

Herr R. war sichtlich enttäuscht, als er kein Medikament bekam, sondern nur die Empfehlung, seine Ernährung umzustellen. Schließlich war er jedoch bereit, aktiv für seine Gesundheit mitzuarbeiten. Er erhielt den Rat, den Kaffee- und Nikotingenuß stark einzuschränken, besser noch ganz einzustellen.

Da er angab, tagsüber kaum Zeit für eine Mahlzeit zu haben, sollte er über den Tag verteilt drei bis vier große Gläser Molke trinken. Herr R. war einverstanden, als Zwischenmahlzeit statt Schokolade oder Plätzchen frisches Obst zu genießen und sich so mit neuer Energie zu versorgen.

Das Hauptproblem war, Herrn R. davon zu überzeugen, sein Abendessen zu verändern. Denn es bestand nur aus Bier und Chips, höchstenfalls noch aus einer Pizza.

Schließlich versprach er, seinen Bierkonsum auf ein Glas zu reduzieren und abends vollwertig zu essen. Er konnte auch überzeugt werden, daß er nicht über Kochkünste verfügen müsse, um ein gesundes Abendessen wie zum Beispiel Salat, Spiegelei oder Pellkartoffeln auf den Tisch zu bringen. Außerdem ließ er sich überreden, abends noch einen Molkedrink, entweder pur oder mit Früchten, zu genießen.

Nach fünf Wochen war der Blutdruck im normalen Bereich, die Magenbeschwerden waren völlig abgeklungen. Herr R. fühlte sich außerdem leistungsfähiger und nervenstärker. Seine Haut war besser durchblutet. Über diesen Zustand war er so glücklich, daß er beschloß, seine Molkedrinks weiter in den Tagesplan einzubauen.

Rainer B., 32 Jahre:

Der dynamische Versicherungsvertreter kam in die Praxis von Eliana Heinen-Cara, um endlich sein Übergewicht loszuwerden. Nach seinen Ernährungsgewohnheiten befragt, erklärte der 32jährige, daß er zweimal täglich eine warme Mahlzeit zu sich nehme. Mittags würde er in einem nahegelegenen Gasthof essen. Er gab an, daß er ohne ein „richtiges“ Mittagessen nicht leistungsfähig sei. Abends aß er dann noch einmal mit seiner Frau warm. Sport konnte und wollte er nicht treiben, da er gerade eine Versicherungsagentur eröffnet und keine Zeit für solch einen Luxus hätte, wie er betonte.

Die Heilpraktikerin riet ihm, sein warmes Abendessen durch einen vitaminreichen bunten Salat zu ersetzen. Wenn der Hunger sehr groß sei, dürfe er noch zwei Scheiben Vollkornknäkkebrot verspeisen. Über den Tag verteilt sollte er zwei Gläser Molke trinken - am besten als

Zwischenmahlzeit - damit kein Hungergefühl auftauchte.

Zwei Monate später war Herr B. gertenschlank. Sein Rezept: Er hatte strikt nach den Anweisungen der Heilpraktikerin gegessen. Sport hatte er - wie er auf Befragen zugab - nicht getrieben. Doch alleine durch Ernährungsumstellung und Molke war es ihm gelungen, die Fettdepots vollständig einzuschmelzen.

Maria G., 42 Jahre:

Die übergewichtige Patientin hatte erhöhte Harnsäurewerte. Sie wollte auf keinen Fall die Harnsäure mit Hilfe von Medikamenten regulieren, da sie Anhängerin der Naturheilkunde sei. Deshalb wollte sie wissen, ob die Harnsäurewerte nicht mit einem natürlichen Mittel gesenkt werden könnten.

Die Patientin war von der Idee begeistert, das Problem mit einer Molkekur zu behandeln. Ihr wurde empfohlen, über den Tag verteilt zwei Liter Molke zu trinken. Außerdem sollte sie auf fettes und purinhaltiges, also eiweißreiches Essen, verzichten, Kaffee nur in Maßen genießen, dafür aber viel frisches Obst und Gemüse essen.

Erlaubt waren auch Vollkorn- und magere Milchprodukte. Frau G. hielt sich strikt an diese Ratschläge. Nach sechs Wochen hatte sie fünf Kilo abgenommen und ihre Harnsäurewerte waren im Normbereich. Sie fühlte sich wesentlich besser und beweglicher. Deshalb war sie nur zu gerne bereit, Molke als einen Bestandteil des täglichen Speiseplans beizubehalten.

Kuren mit Molke

Es gibt zunächst zwei grundsätzlich verschiedene Möglichkeiten einer Kur mit Molke:
1. die reine Trink-Kur
2. Molke-Trinken mit Begleitkost.

Außerdem eignet sich die Molke hervorragend dazu,
3. das Wunschgewicht zu halten.

Bei einer reinen Trink-Kur wird vollständig auf feste Nahrung verzichtet, also gcfastct. In dcr klassischen Form verstärken Heilkräutersäfte die Wirkung. Wer sich für diese Kur entscheidet, sollte sich dafür mindestens eine Woche Zeit nehmen und sicherstellen, daß der Kurerfolg nicht durch zwischenzeitliches Essen gefährdet wird.

Unter die zweite Kurform fallen verschiedene Konzepte, von der einfachen Anleitung, neben der normalen Kost zusätzlich Molke zu trinken, bis hin zu festen Kurplänen. Damit der erhoffte Kurerfolg sowohl in Bezug auf die Gewichtsreduktion als auch die Verbesserung von Krankheitsbildern sicher eintritt, empfiehlt sich eine kontrollierte, bewährte Beikost nach den Rezepten der „1000-Kalorien-Molke-Woche". Damit bleibt man voll leistungsfähig, sowohl im Beruf als auch bei sportlichen Aktivitäten in der Freizeit.

Damit der Kurerfolg möglichst lange anhält und das Körpergewicht nicht schnell wieder ansteigt, empfiehlt es sich, entweder wöchentlich einen Molke-Schalttag einzulegen oder mit Hilfe der Molke täglich die Kalorienaufnahme zu kontrollieren. Anleitungen dazu folgen nach der Beschreibung der Kuren.

Molke-Trink-Kur

Während dieser Kur nehmen Sie nur Molke, Frischpflanzensäfte und Kräutertees zu sich. Das erfordert natürlich etwas Disziplin, besonders, wenn die Kur nicht zusammen mit Gleichgesinnten, sondern alleine zu Hause durchgeführt wird. Wichtig: Solo-Molke-Kuren sollten ohne ärztliche Aufsicht nicht länger als sieben Tage durchgeführt werden. Möchten Sie länger kuren, wenden Sie sich an spezielle Kurkliniken.

Und so sieht jeder Kur-Tag aus:
Täglich trinken Sie 1,5 bis 2 Liter Molke über den Tag verteilt in sieben oder mehr Einzelportionen. Dazu nehmen Sie eßlöffelweise Frischpflanzensäfte ein. Außerdem trinken Sie 1,5 bis 2 Liter Früchte-, Kräutertee oder natriumarmes Mineralwasser.

Den Auftakt des Fastens bildet ein Entlastungstag, der Tag vor Kurbeginn. An diesem Tag sollten Sie sparsamer essen, damit der Körper sich sanft vorbereiten kann. Verzichten Sie auf fette, schwerverdauliche Speisen und essen gedünstetes Gemüse, Pellkartoffeln, Obst, Vollkornreis.

Intensiviert werden die Fastenwirkungen durch Frischpflanzen-Preßsäfte aus blutreinigenden, entschlackenden Heilkräutern. Diese Zubereitungsform bietet alle Wirkstoffe der frischen Pflanzen, unverändert durch Trocknungs- und

Verarbeitungsprozesse. Die hochwirksamen Frischpflanzenpreßsäfte erhalten Sie als zugelassenen Arzneimittel in Ihrem Reformhaus. In der Kur ist die Dosierung höher als bei der gewöhnlichen Einnahme. Pro Glas Molke, also etwa siebenmal pro Tag zwei Eßlöffel haben sich bewährt:

- Am ersten und zweiten Kurtag genießen Sie Brennesselsaft.
- Am dritten und vierten Kurtag steht Löwenzahnsaft auf dem Programm.
- Am fünften und sechsten Kurtag verwöhnen Sie ihre Leber mit Artischockensaft.
- Am siebten Kurtag wartet wieder Brennesselsaft auf Sie.

Nach Ende der Fastenkur sollten Sie Ihrem Körper nicht gleich zu schweres Essen zumuten. Magen und Darm müssen sich nämlich erst wieder langsam an feste Nahrung gewöhnen. Deshalb beenden Sie die Kur mit einem Aufbautag. Essen Sie zum Frühstück einen Apfel, den Sie in kleine Stücke schneiden. Zum Mittagessen ist eine Gemüse- oder Kartoffelsuppe passend. Abends stehen Pellkartoffeln auf dem Programm. Essen Sie die ersten zwei, drei Tage nach dem Fasten nur leichte Kost, damit Magen und Darm nicht rebellieren.

Wer darf nicht fasten?

Bei folgenden Krankheiten und Zuständen ist eine Fastenkur nicht oder nur nach Rücksprache mit dem behandelnden Arzt erlaubt:

- Krebs
- Tuberkulose
- Schilddrüsenüberfunktion
- Magersucht, Bulimie
- Nierenerkrankungen
- Psychosen
- Epilepsie
- Depressionen
- Kreislaufschwäche
- sehr hoher Blutdruck
- Nervosität
- Erschöpfungszustände
- kurz vor oder nach einer Operation
- kurz nach einer schweren Krankheit
- Schwangerschaft.

1000-Kalorien-Molke-Woche

Sie möchten nicht fasten, sondern bei voller Leistungsfähigkeit neben der Molke eine kalorienreduzierte, aber sättigende Vollwertkost zu sich nehmen. Im Mittelpunkt steht Vollgetreide, auf Fleisch, Fett, Zucker und Salz wird verzichtet. Sie nehmen pro Tag maximal 1000 Kalorien zu sich. Ohne Probleme verlieren Sie in 7 Tagen zwischen 2,5 und 4 Kilo überflüssiges Körperfett.

Während der siebentägigen Molkekur wird an jedem Tag dreimal eine Mahlzeit aus gekochtem Getreide gegessen, jeweils ergänzt mit verschiedenen Obstsorten und Gemüsen. Nacheinander folgen an den sieben Tagen Weizenschrot, Hirse, Hafer, Naturreis (Langkorn-Vollkornreis), Gerste, Dinkel und eine Getreidemischung aus den vorgenannten Sorten. Es werden jeweils 170 Gramm benötigt, beim Reis reichen 150 Gramm. Am einfachsten kaufen Sie sich eine fertig Abpackung aller benötigten Getreide (zum Teil geschrotet), die unter der Bezeichnung „7-Tage-Körner-Kur“ in allen Reformhäusern angeboten wird.

Rezept-Ideen für die Zubereitung der Getreidekur finden Sie auf jeder Original-Packung. Im Folgenden sind einige besonders leckere Variationen vorgeschlagen, die ei-, milchfrei sowie praktisch cholesterin- und tierisch-eiweißfrei sind.

Bei der Zubereitung der Mahlzeiten sind folgende Grundregeln zu beachten:

- Wenn Sie besonders unter Kühle leiden, leicht frieren, ein starkes Bedürfnis nach Süßem haben, von Verdauungsschwäche betroffen sind oder sich wenig bewegen, erwärmen Sie alle Zutaten, auch das Obst, essen Sie nichts roh.
- Wenn Sie einen empfindlichen Magen haben, würzen Sie mit den scharfen Gewürzen ganz sparsam oder verzichten Sie ganz darauf. Gehören Sie zu den Menschen mit großer Hitze, gilt dasselbe.
- Es wird kein Zucker und kein Salz verwendet, Fett nur ausnahmsweise, wenn es zur Zubereitung benötigt wird, ganz sparsam.
- Zum Süßen ist Agavendicksaft zu bevorzugen, auch bei leichtem Diabetes, sonst alternativ Süßstoff. Agavendicksaft hat weniger Kalorien

als Zucker, süßt aber stärker und führt, da er fast ausschließlich Fruchtzucker enthält, nicht zu Leistungsabfall durch Unterzuckerung infolge starker Insulinausschüttung. (Näheres über dieses interessante alternative Süßungsmittel sowie 50 leckere Rezepte finden Sie in unserem Büchlein „Agavendicksaft - die natürliche Sonnensüße".)

- Zum Würzen werden frische Kräuter, Gewürze und Gemüsebrühe eingesetzt.
- Alle Zutaten sollen so natürlich wie möglich sein, d.h., weitgehend aus biologischem Anbau, ohne Farb- und Konservierungsstoffe, Schwefel oder synthetische Aromastoffe.
- Fleisch- und Fleischerzeugnisse werden in der Kurwoche nicht gegessen.
- Neben einem Liter Molke, verteilt auf fünf bis sieben Portionen zwischen den Mahlzeiten, wird zusätzlich mindestens 1,5 Liter stilles Wasser, Früchte- oder Kräutertee getrunken.

Anleitung für die Zubereitung der Getreidemahlzeiten:

Die ganze Getreide-Tagesportion (170 bzw. 150 Gramm) wird praktischerweise am Vorabend oder morgens gekocht, und zwar je nach Rezept pro Drittel Getreidemenge in 0,2 Liter Wasser oder Süßmolke. Die hinzuzufügenden Flüssigkeitsmengen liegen beim Reis wegen seiner geringeren Quellfähigkeit etwas niedriger. Die Garzeiten liegen je nach Getreide zwischen 15 und 40 Minuten (siehe Packungsangaben).

Servieren Sie morgens zum Getreide ca. 100 g Obst der Jahreszeit, gerieben oder kleingeschnitten, evtl. leicht gesüßt mit Agavendicksaft und mit Vanille oder Zimt abgeschmeckt.

Für Mittags- und Abendmahlzeiten würzen Sie das Getreide mit Gemüsebrühe sowie Küchenkräutern und servieren dazu Gemüse oder Salat der Saison.

Rezepte für die Zubereitung der Getreidekur finden Sie auf jeder Original-Packung. Über 150 Rezeptideen liefert unser Taschenbuch „7-Tage-Körner-Kur". Im Folgenden sind einige besonders leckere Variationen vorgeschlagen.

Abkürzungen für die Kochrezepte:
TL = Teelöffel EL = Eßlöffel
MS = Messerspitze

Weizenplätzchen an Brokkoli und Erdnußsoße

(350 kcal)

Zutaten:

1/3 Weizenschrot, in Wasser gegart
1 TL Gemüsebrühe
1-2 EL Vollkornmehl oder -semmelbrösel
kaltgepr. Sonnenblumenöl zum Ausbacken
100 g Brokkoli
0,1 l Wasser
1/2 TL Koriander, ganz
1 TL Erdnußmus

Zubereitung:

Weizenschrot mit 1/2 TL Gemüsebrühe verrühren. 4 Plätzchen formen und in Vollkornmehl wenden. In wenig Sonnenblumenöl bei mittlerer Hitze von beiden Seiten ausbacken. Brokkoli putzen, in Röschen teilen, auch die grünen Stengelteile mitverwenden und im Wasser 10 Minuten garen. Koriander im Mörser (oder mit der Küchenrolle auf einem Holzbrett) zerstoßen. Brokkoli herausnehmen. In das Kochwasser Koriander, Erdnußmus und 1/2 TL Gemüsebrühe mit einem Schneebesen einrühren und kurz aufkochen. Weizenplätzchen auf einen Teller geben, mit Brokkoli und Erdnußsauce anrichten.

Hirse

Erdbeeren zu Hirsecreme

(335 kcal)

Zutaten:

1/3 Hirse, in Süßmolke gegart
1 TL Agavendicksaft
1 MS Bourbon-Vanille
1 TL Sonnenblumenkerne
150 g Erdbeeren (frisch oder tiefgekühlt)

Zubereitung:

Agavendicksaft und Bourbon-Vanille unter die Hirse rühren und auf einen Teller geben. Sonnenblumenkerne trocken (ohne Öl) in einer Pfanne anrösten und über die Hirse streuen. Erdbeeren waschen und putzen. Zur Hirsecreme reichen.

Nußhafer auf Zucchini

(320 kcal)

Zutaten:

1/3 Hafergrütze, in Wasser gegart
1 mittelgroße Zucchini
1 TL Gemüsebrühe
1 TL Erdnußmus
2 kleine Tomaten

Zubereitung:

Zucchini putzen und in wenig Wasser 10 Minuten dünsten. Längs halbieren und mit einem Teelöffel aushöhlen. Zucchinimark kleinschneiden. Mit 1/2 TL Gemüsebrühe und Erdnußmus zum Hafer geben, mischen und wieder in die Zucchinihälften füllen. Mit wenig Wasser in einem Topf bei kleinster Hitze erwärmen.

Tomaten würfeln, erhitzen und mit ½ TL Gemüsebrühe abschmecken. Zu den Zucchinis reichen.

Vanillereis mit Trockenfrüchten

(395 kcal)

Zutaten:

1/3 Naturreis, in Süßmolke gegart
3 Trockenpflaumen, unbehandelt
3 Trockenaprikosen, ungeschwefelt
Saft von 2 Mandarinen
1 TL Agavendicksaft
1 MS Bourbon-Vanille

Zubereitung:

Trockenpflaumen und -aprikosen in Streifen schneiden und über Nacht im Mandarinensaft ausquellen lassen. Reis mit Agavendicksaft und Vanille abschmecken, Trockenobst unterheben.

Kopfsalaträllchen mit Currydip

(265 kcal)

Zutaten:

1/3 Gerstengrütze, in Wasser gegart
1/2 TL Gemüsebrühe
8 große Blätter Kopfsalat
Currydip: 1 kleiner Apfel
3 EL Sahne
1 TL Curry
1-2 TL Zitronensaft

Zubereitung:

Gerstengrütze mit Gemüsebrühe abschmecken. Salatblätter waschen und trockentupfen. Jeweils etwas Gerste auf ein Salatblatt geben, die Seiten einschlagen und aufrollen.

Für den Currydip Apfel sehr fein reiben (oder pürieren), mit Sahne, Curry und Zitronensaft glattrühren. Zu den Salaträllchen reichen.

Garten-Cocktail

(235 kcal)

Zutaten:

1/3 Dinkelgrütze, in Wasser gegart
1 TL Gemüsebrühe
2 EL Sahne
1 EL Zitronensaft
1 EL Petersilie, fein gehackt
50 g Champignons
1 kleine Tomate
½ grüne Paprika

Zubereitung:

Dinkel mit Gemüsebrühe würzen. Aus Sahne, Zitronensaft und Petersilie eine Sauce rühren. Champignons putzen, waschen, feinblättrig schneiden, Tomate würfeln, Paprika in schmale Streifen schneiden.

Dinkel und Gemüse unter die Sauce heben. Garten-Cocktail durchziehen lassen.

Gefüllte Chinakohlblätter auf Tomatenschaum

(200 kcal)

Zutaten:
1/3 Getreidemischung, in Wasser gegart
1 TL Gemüsebrühe
1 MS Kümmel
4 große Chinakohlblätter
2 kleine Tomaten

Zubereitung:
Getreidemischung mit ½ TL Gemüsebrühe und Kümmel abschmecken. Chinakohlblätter waschen und trockentupfen. Die dicken Mittelstücke flachschneiden. Jeweils etwas von der Getreidemischung auf den Blättern verteilen, an den Seiten einschlagen und wie Rouladen aufrollen. Gegebenenfalls mit einem Holzspieß feststecken. Nebeneinander in einen Topf mit wenig Wasser setzen und bei kleinster Hitze erwärmen.

Tomaten würfen, erhitzen und mit ½ Tl Gemüsebrühe abschmecken. Tomatenschaum zu den Chinakohlröllchen reichen.

Gewicht halten mit Molke

Molke-Schalttag

Wenn Sie jede Woche einen Molke-Schalttag fest einplanen, fällt es besonders leicht, die Erfolge einer Molke-Kur über mehrere Monate zu konservieren. Der Schalttag wird praktisch als einzelner Fastentag durchgeführt. Sie trinken 2 Liter Molke über den Tag verteilt - in sieben oder mehr Einzelportionen. Auf feste Nahrung wird für diesen Tag am besten ganz verzichtet. Wenn zwischendurch der Hunger plagt, sind aber im Unterschied zum längeren Fasten ein Stück Obst, eine Möhre oder ein trockenes Knäckebrot ohne Belag erlaubt.

Die Molke bereiten Sie aus dem reinen probiotischen Bio-Instantpulver, vielleicht mit etwas stärkerer Dosierung als üblich. Sie dämpft das Hungergefühl und liefert ein Mindestmaß an Nährstoffen und Energie, so daß der Ausfall fester Nahrung nicht zu einem Leistungsabfall führt. Trinken Sie daneben noch einen Liter kohlensäurefreies Mineralwasser, Früchte- oder Kräutertee.

Gönnen Sie sich an diesem Tag etwas mehr Ruhe, Entspannung und Bewegung an der frischen Luft. Wenn Sie Ihren Körper regelmäßig entschlacken, den Stoffwechsel entlasten und das Wunschgewicht halten möchten, ist dieser Fasten-Schalttag ideal. Es spricht nichts dagegen, ihn regelmäßig einmal pro Woche durchzuführen.

Tägliches Molke-Trinken

Manchem fällt es leichter, täglich etwas dafür zu tun, den Kurerfolg zu sichern. Man kann so kleine Ernährungssünden auch sofort am selben oder nächsten Tag ausgleichen. Die sättigende Wirkung der Molke wird genutzt, um Zwischenmahlzeiten zu ersetzen und bei den Hauptmahlzeiten nicht so viel Hunger zu haben. Sie sind in der Handhabung variabel: trinken Sie ein Glas bis maximal ein Liter Molke pro Tag anstelle von Zwischenmahlzeiten und Snacks oder etwa eine Stunde vor den Hauptmahlzeiten.

Das tägliche Molke-Trinken fällt leicht, wenn man für Abwechslung sorgt. Hier einige Ideen für köstliche Getränke auf der Basis der reinen Bio-Instantmolke:

Pfirsich-Mix

Geben Sie einen Eßlöffel Instant-Molke, ein Glas Wasser, 100 Gramm kleingeschnittene frische Pfirsiche und einen halben Teelöffel Honig oder Agavendicksaft in einen Becher und pürieren alles. Eventuell den Drink mit einem kleinen Spritzer Zitrone „würzen".

Erdbeer-Drink

Einen Eßlöffel Molkepulver, ein Glas Wasser, 150 Gramm Erdbeeren und einen Teelöffel Honig oder Agavendicksaft im Mixer pürieren. Wer mag, gibt noch Eiswürfen in den Drink.

Bananenshake

Geben Sie eine kleingeschnittene Banane mit einem Glas Wasser und einem Eßlöffel Molkepulver in den Mixer und pürieren alles etwa eine Minute. Mit Naturvanille abschmecken.

Orangen-Drink

Einen Eßlöffel Molkepulver mit einem Glas Wasser und dem Saft einer Orange mixen. Abschmecken mit Honig oder Agavendicksaft, Zitrone und Naturvanille.

Power-Cocktail

Je 50 Gramm Gurke, Möhre, rote Paprikaschote und Tomate putzen, entsaften oder kleinschneiden und im Mixer mit einem Glas Wasser und einem Eßlöffel Molkepulver pürieren. Den Cocktail nach Geschmack mit Salz, Pfeffer und Tabasco würzen.

Wer es einfacher haben möchte und nicht selbst mixen will, der kann Molke fix und fertig in verschiedenen Geschmacksrichtungen als Instantpulver kaufen. Bei der Bio-Instantmolke von Dr. Ritter stammt nicht nur die Molke aus ökologischer Viehwirtschaft, sondern auch die exotischen Früchte und selbst die Vanille sind ohne Spritzmittel nach den Vorschriften anerkannter Bioanbau-Organisationen erzeugt. Damit tut man nicht nur etwas für die eigene Gesundheit, sondern auch viel für unserer Umwelt.

Teerezepte

Um den gesamten Flüssigkeitsbedarf von ca. 2,5 bis 3 Liter während einer Kur zu decken, trinkt man neben der Molke Früchte- oder Kräutertees. Tees haben oft mehrere positive Auswirkungen:

- Sie decken den Flüssigkeitsbedarf.
- Sie liefern Mineralien, Spurenelemente, Bitter-, Gerbstoffe, ätherische Öle und weitere sekundäre Pflanzenwirkstoffe.
- Sie unterstützen Entsäuerung und Entwässerung.
- Sie stärken die körpereigenen Abwehrkräfte.

Trinken Sie ihren Tee möglichst ungesüßt, das spart Kalorien und versetzt den Blutzucker nicht in eine hungertreibende Schaukelpartie. Wenn Sie es lieber süß mögen, bietet sich, abgesehen von den künstlichen Süßstoffen, Agavendicksaft als natürliches Süßungsmittel an.

Kräutertees, die Ihnen während der Molkekur richtig gut tun, sind:

Vier-Kräutertee

Mischen Sie 20 Gramm Himbeerblätter mit je zehn Gramm Holunderblüten, Hagebutten und

Melissenblätter. Von dieser Teemischung übergießen Sie sechs Teelöffel mit einem Liter siedendem Wasser. Lassen Sie den Tee etwa fünf Minuten (am besten zugedeckt) ziehen. Dann geben Sie ihn durch ein Sieb. Trinken Sie den Tee lauwarm und süßen ihn - wenn Sie mögen - mit Agavendicksaft.

Dieser Tee stärkt die körpereigenen Abwehrkräfte und sorgt dafür, daß Sie während Erkältungszeiten von Triefnase, rauhem Hals und Husten verschont bleiben.

Gute-Laune-Tee

Vermischen Sie je 10 Gramm Melissenblätter und Johanniskraut miteinander. Ein Eßlöffel der Teemischung wird mit 1/4 Liter siedendem Wasser übergossen. Der Kräutertee sollte zugedeckt zehn Minuten ziehen, bevor Sie ihn durch ein Sieb geben.

Der Tee wirkt nicht von heute auf morgen stimmungsaufhellend, Sie sollten ihn einige Wochen täglich trinken. Wichtig: Johanniskraut kann die Haut lichtempfindlicher machen. Deshalb im Sommer auf ausreichenden Sonnenschutz achten.

Birkenblätter-Tee

Geben Sie einen Teelöffel Birkenblätter in eine Tasse kochendes Wasser. Lassen Sie den Tee 15 Minuten ziehen und seihen ihn dann ab.

Birkenblätter-Tee wirkt harntreibend. Deshalb ist er ein idealer Blutreinigungstee.

Morgen-Tee

Übergießen Sie zwei Eßlöffel grüne Teeblätter mit einem halben Liter heißem Wasser. Lassen Sie den Tee zwei bis drei Minuten ziehen und seihen ihn dann ab. Wirkt anregend, eine gute Alternative für „Kaffetanten".

Wichtig: Grüner Tee sollte nicht mit kochendem Wasser aufgegossen werden. Er kann bis zu viermal aufgegossen werden.

Pu-Erh-Tee

Übergießen Sie einen gestrichenen Eßlöffel Pu-Erh-Tee mit einem Liter kochendem Wasser. Der Tee kann zwei bis fünf Minuten ziehen. Am besten ist es, den Tee ungesüßt zu trinken. Wer das jedoch nicht mag, kann den Tee leicht mit

Agavendicksaft süßen. Pu-Erh kann bis zu dreimal aufgegossen werden.

Der chinesische Pu-Erh-Tee ist das ideale Getränk zur Unterstützung einer Reduktionsdiät. Seine Wirkstoffe sind in der Lage, den Fettabbau anzukurbeln und die Cholesterinwerte zu senken. Er fördert den Fluß des „Qi" und sorgt für mehr Lebensenergie in der Körpermitte. (Weitere Informationen liefert unser Büchlein „Pu-Erh Roter Tee aus China - nicht nur ein „Fettkiller", der ersten Buchveröffentlichung zum Pu-Erh.)

Rooibos-Tee

Der Rotbuschtee aus Südafrika findet immer mehr Liebhaber. Er zeichnet sich dadurch aus, daß er kein Koffein und keine Reizstoffe besitzt. Damit eignet er sich für Allergiker, Magenempfindliche, Kinder und als täglicher Haustee. Man kann ihn ohne Bedenken in größeren Mengen trinken, auch abends. (Näheres lesen Sie in unserem Büchlein „Rooibos - reizarmer Tee".)

Kosmetiktips

Molke macht nicht nur von innen schlank, schön und gesund. Auch äußerlich angewendet - ob als Badezusatz oder Gesichtsmaske - kann Molke wahre Wunder vollbringen. Wirkungsvoller und preiswerter als Kosmetika macht das Serum der Milch müde Haut wieder munter. Hautunreinheiten verschwinden und so ganz nebenbei stärkt Molke als Badezusatz die Nerven, sorgt für Entspannung und erholsamen Schlaf. *(Bereiten Sie die für die Schönheitsrezepte benötigte Menge an Molke zuerst nach Packungsanleitung aus dem Bio-Instant-Pulver im Mixer oder Shaker zu.)*

Belebendes Duftbad

Streß, Hektik und Zeitdruck - kein Wunder, daß man abends völlig erschlagen nach Hause kommt. Helfen kann in diesem Fall ein belebendes Molkebad. Dieses Bad ist übrigens ein absoluter Geheimtip, wenn noch ein Rendezvous, eine Abendeinladung oder Gäste auf dem Terminkalender stehen. Sie werden sich nach diesem Bad innerhalb von kurzer Zeit wieder fit und frisch fühlen.

Sie brauchen: ½ Liter Molke, Pfefferminzöl, Lavendelöl, 1 EL Honig.

Lassen Sie warmes Wasser in die Badewanne (die Temperatur sollte bei 37 Grad liegen, wer mag, darf auch etwas kälter baden). Geben Sie in den laufenden Wasserstrahl je fünf Tropfen Lavendel- und Pfefferminzöl. Dann gießen Sie die Molke und den Honig in das Badewasser. Sorgen Sie dafür, daß sich die Badezusätze gut verteilen. Zehn Minuten genießen Sie das erfrischend-belebende Bad.

Kleie-Molkebad

Pickel, Pusteln und Mitesser beeinträchtigen das äußere Erscheinungsbild. Doch statt an den Hautunreinheiten herumzudrücken, sollte ein Molke-Kleie-Bad ausprobiert werden. Es sorgt für schöne, glatte und reine Haut auf ganz schonende und sanfte Wcise.

Sie brauchen: Eine Handvoll Weizenkleie, 1 Liter Molke, eventuell eine Handvoll Salbeiblätter.

Geben Sie die Weizenkleie in ein Mullsäckchen und hängen das Beutelchen direkt in den heißen Wasserstrahl. Anschließend wird in das Kleie-

Wasser die Molke gemischt. Als Wassertemperatur werden maximal 37 Grad empfohlen, wer es etwas kühler verträgt, kann 35 Grad warmes Wasser einlaufen lassen.

Das Bad sollte etwa 15 Minuten dauern. Nach dem Bad nicht abtrocknen, das Wasser nur abstreifen und sich in ein großes Badehandtuch hüllen. Gönnen Sie danach der Haut noch etwas Ruhe.

Leiden Sie nicht nur unter unreiner Haut, sondern sind auch die Poren zu groß, mischen Sie dem Bad Salbei bei: Salbeiblätter mit einem großen Glas kochendem Wasser übergießen und acht Minuten ziehen lassen. Dann seihen Sie den Kräutersud ab und geben ihn ins Badewasser.

Erfrischungsbad

Müde Haut wird mit Zitrone wieder munter. Deshalb wirkt einen Zitronenbad herrlich belebend auf Ihre Haut. Außerdem reguliert es zu fette Haut.

Sie brauchen: 8 ungespritzte Zitronen, 1 Liter Molke.

Schneiden Sie die Zitronen in Scheiben und übergießen Sie sie mit heißem Wasser. Lassen Sie den Aufguß einige Stunden ziehen. Dann geben Sie die Flüssigkeit mit der Molke ins warme Badewasser. Die Zitronen füllen Sie in ein Leinensäckchen, daß Sie ins Badewasser hängen. Gönnen Sie sich nach dem zehnminütigen Bad eine kurze Ruhepause.

Anti-Streßbad

Haben Sie einen langen Arbeitstag hinter sich, an dem Ihre Nerven mehr als einmal einer Zerreißprobe unterzogen wurden? Dann schenkt Ihnen ein Molke-Bad Entspannung, Erholung und macht Sie angenehm müde.

Sie brauchen: 3 Liter Molke.

Geben Sie die Molke in normal temperiertes Badewasser. Genießen Sie das Bad zehn Minuten. Trocknen Sie sich danach nicht ab, sonder streifen nur das Wasser vom Körper, wickeln sich in Bademantel oder Badehandtuch ein und gönnen sich eine halbe Stunde Ruhe. Sie und Ihre Nerven werden sich danach wie neugeboren fühlen.

Dieses Bad ist übrigens auch bestens als Erste-Hilfe-Maßnahme bei Sonnenbrand geeignet. Das Badewasser dann etwas kühler einlaufen lassen. Die Haut wird herrlich gekühlt und beruhigt.

Körner-Bad

Macht Ihr Kreislauf manchmal schlapp? Dann ist ein Körner-Molke-Bad genau das Richtige für Sie. Dieses kernige Bad regt aber nicht nur den Kreislauf an, es macht auch das Wasser weich und pflegt dadurch die Haut.

Sie brauchen: je 1 EL geriebene Mandeln, Weizenkleie, Vollkornweizenmehl und Vollkornhafermehl, 1 Liter Molke

Vermischen Sie Mandeln, Weizenkleie, Vollkornweizenmehl und Vollkornhafermehl. Geben Sie die Mischung in normal temperiertes Badewasser und füllen das ganze mit einem Liter Molke auf.

Nach dem Bad abduschen und nur flüchtig abtrocknen. Ruhen Sie sich etwa 20 Minuten aus.

Honig-Molke-Bad

Ist Ihre Haut rauh, trocken und schuppig? Ein Molke-Honigbad macht sie wieder wunderbar glatt und geschmeidig.

Sie brauchen: 1 Tasse Honig, 1 Liter Molke.

Lassen Sie 38 bis 40 Grad warmes Wasser in die Badewanne ein. Erwärmen Sie einen Liter Wasser und lösen den Honig auf. Vermengen Sie die Molke mit dem Honigwasser und geben den Zusatz in das Badewasser.

Molke-Salz-Bad

Stoffwechselanregend und nervenstärkend wirkt ein Bad mit Meersalz und Molke.

Sie brauchen: 250 Gramm Meersalz, 1 Liter Molke.

Geben Sie Salz und Molke in das Badewasser (etwa 37 bis 38 Grad). Nach dem zehnminütigem Bad tupfen Sie sich nur trocken, wickeln sich in ein großes Badehandtuch und gönnen sich eine kurze Auszeit von zehn bis 20 Minuten.

Molke-Handbad

In der kalten Jahreszeit leiden Hände oft besonders. Die empfindliche Haut trocknet aus, wird rissig und ist gerötet. Eine Molkehandbad macht die Haut in Handumdrehen wieder weich und schön:

Wärmen Sie etwas Molke an, geben Sie sie in eine Schüssel oder Waschbecken und baden Ihre Hände zwei bis drei Minuten darin. Danach mit einem weichen Tuch nur abtupfen.

Stehen Sie unter Zeitdruck, waschen Sie Ihre Hände einfach nur mit Molke.

Kieselerde-Gesichtsmaske

Rühren Sie drei Teelöffel Kieselerde mit zwei bis drei Eßlöffeln Molke und einem Teelöffel Bienenhonig zu einem dicken Brei. Streichen Sie den Brei am besten mit einem Pinsel auf die Gesichtshaut. Sparen Sie Lippen und Augenumgebung aus. Die Maske sollte eine halbe Stunde einwirken. Dann wird sie mit warmem Wasser abgespült. Zum Abschluß mit kaltem Wasser erfrischen. Diese Maske besänftigt unruhige Haut und kann einmal die Woche durchgeführt werden.

Heilerde-Gesichtsmaske

Drei Eßlöffel Heilerde mit drei Eßlöffeln warmer Molke, einem Spritzer Zitronensaft und ein paar Tropfen Olivenöl verrühren. Den Brei auf das Gesicht auftragen und zehn Minuten einwirken lassen. Die Maske mit Zitronenwasser (einige Tropfen Zitronensaft ins Wasser geben) abwaschen. Durch die Anwendung verschwinden Pickel und Mitesser, allerdings nur bei regelmäßiger Anwendung.

Molke-Halspackung

Zwei Eßlöffel Joghurt mit zwei Eßlöffeln Weizenkeimen und einem Eßlöffel Molke zu einem dicken Brei verrühren und auf den Hals auftragen. Lassen Sie die Maske etwa 20 Minuten einwirken. Am besten legen Sie sich während der Zeit hin und hören eine Entspannungsmusik. Dann wird die Maske mit lauwarmem Wasser abgewaschen. Die Haut wird glatt und seidenweich.

Bücher

Weihofen, Jürgen, 7-Tage-Körner-Kur, 150 Rezepte zum Abnehmen und Entschlacken mit Vollwertkost. sanoform-Verlag. Troisdorf 1995

Gerhard, Herrmann, Weihofen, Jürgen, Saftfasten, Vital und fit mit Obst-, Gemüse- und Kräutersäften. TRIAS-Verlag. Stuttgart 1993

Weihofen, Jürgen, Pu-Erh Roter Tee aus China - nicht nur ein „Fettkiller". sanoform-Verlag. Troisdorf 1999

Weihofen, Jürgen, Finke, Angelika, Rooibos reizarmer Tee - nicht nur bei Allergien und Magenproblemen. sanoform-Verlag. Troisdorf 1999

Weihofen, Jürgen, Braun, Judith, Agavendicksaft - die natürliche Sonnensüße. sanoform-Verlag. Troisdorf 2000

Bezugsquellen

Sauermolke flüssig und Süßmolkepulver erhalten Sie in verschiedenen Geschacksrichtungen in vielen Geschäften. Nur in Ihrem Reformhaus bekommen Sie probiotische Instantmolke pur und zum Beispiel mit Beerenfrüchten, Grapefruit, Ananas und echter Bourbon-Vanille vollständig aus ökologisch-biologischen Zutaten. Molkepulver gibt es auch in Kapseln, außerdem findet man Kautabletten, Snacks und Kosmetik mit Molke in Reformhäusern, Naturkostgeschäften und Apotheken.

Tartex + Dr. Ritter GmbH
Hans-Bunte-Str. 8a
79108 Freiburg
Tel.: 0761-51570 Fax: 0761-5157497
- exklusiv in neuform-Reformhäusern

Heirler Cenovis GmbH
Postfach 1380
78303 Radolfzell
Tel.: 07732-8071 Fax: 07732-807201
- exklusiv in neuform-Reformhäusern